CARTHAGE, TERRE MARIALE

Nouvelles Trouvailles

(1926-1928)

PAR

LE R. P. A.-L. DELATTRE

DES PÈRES BLANCS

IMPRIMERIE " MAISON DE LA BONNE PRESSE " (S. A.)

5, RUE BAYARD — PARIS-8ᵉ

CARTHAGE, TERRE MARIALE

Nouvelles Trouvailles

(1926-1928)

PAR

LE R. P. A.-L. DELATTRE

DES PÈRES BLANCS

IMPRIMERIE " MAISON DE LA BONNE PRESSE " (S. A.)

5, RUE BAYARD — PARIS-8ᵉ

Nouvelles Trouvailles (1926-1928)

Lorsque le cardinal Lavigerie, il y a plus de cinquante ans, envoyait ses missionnaires à Carthage, pour être les chapelains du sanctuaire de Saint-Louis, il leur recommandait de s'intéresser à l'archéologie et de recueillir avec soin les antiquités qui pourraient être découvertes dans les ruines de la célèbre ville. Le 21 février 1881, il écrivait à M. Wallon, secrétaire perpétuel de l'Académie des Inscriptions :

A la vérité, lorsqu'ils sont venus s'offrir à moi, ils ne pensaient qu'à éclairer les barbares de l'Afrique. Mais je ne crois pas les détourner de leur œuvre en les chargeant de prouver, en outre, par des faits, à quelques civilisés de notre Europe, que l'Eglise n'a pas cessé d'être l'amie de la science.

Dès le début, nous étions loin de soupçonner la grande importance que prendraient nos collections et la renommée réservée au musée fondé par le cardinal et auquel nous avons été heureux de donner et de faire accepter officiellement le nom de « Musée Lavigerie ».

On peut voir aujourd'hui dans nos collections quantité de pièces se rapportant à toutes les périodes de l'histoire de Carthage depuis son origine, pièces égyptiennes, phéniciennes, puniques, hébraïques, grecques, étrusques, arabes.

N'avons-nous pas aussi recueilli à Carthage des souvenirs de la Croisade de saint Louis, tels que des monnaies frappées en France sous son règne, des enseignes de pèlerinage de Notre-Dame de Boulogne, ainsi que des enseignes de Saint-Jean-Baptiste d'Amiens! Le temps de l'occupation espagnole est représenté par des monnaies de Charles Quint frappées à Lucques et sur lesquelles figure la tête du célèbre Christ miraculeux, le *santo Volto*.

On comprendra sans peine que, pour des missionnaires, parmi tant de monuments d'époque différente, l'étude des pièces qui appartiennent à l'ère chrétienne ait eu un attrait particulier. Sous ce rapport, les travaux de recherches ont été des plus fructueux. Il serait trop long d'en donner ici une idée succincte, même en ne signalant que les pièces principales se rapportant aux basiliques et aux martyrs de Carthage.

Depuis plus de quarante ans, je me suis surtout attaché, et Dieu sait avec quelle douce joie, à faire connaître les pièces mariales.

Dès 1886, les *Missions catholiques* de Lyon publiaient un article : « Le Culte de la Très Sainte Vierge à Carthage aux premiers siècles » (1). Mais c'est surtout, comme je l'ai dit naguère, depuis le Congrès marial de Rome (1904), que, grandement encouragé par le cardinal Rampolla, je pris un soin particulier de ne négliger aucune occasion de recueillir les pièces mariales et d'enregistrer fidèlement chacune des trouvailles.

Le présent article a pour objet de donner les principales qui ont été faites pendant deux années, du printemps de 1926 au 24 mai 1928.

En 1926.

Malgré des conditions moins favorables que par le passé — j'ai déjà dit pourquoi — j'ai eu quand même, de temps en temps, quelque agréable surprise.

Le 24 juin 1926, en la fête de saint Jean-

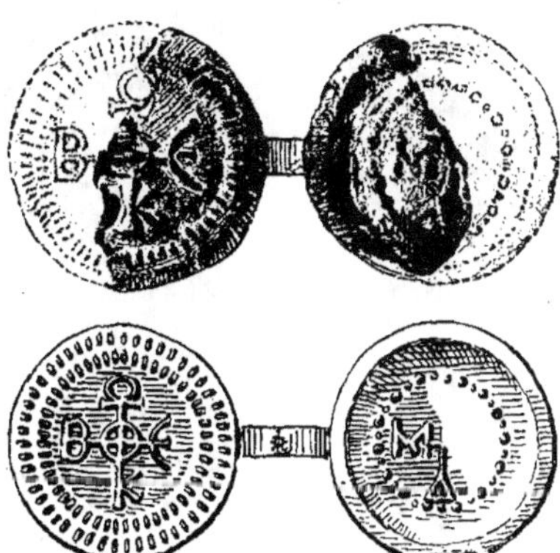

Baptiste, pendant que je songe au Congrès eucharistique international de Chicago, un Arabe me présente une statuette de la Sainte Vierge avec l'Enfant Jésus, et, coïncidence qui me touche, l'Arabe me présentait en même temps deux

(1) Sur le même sujet on trouvera dans *Notre-Dame*, en 1913, p. 37 : « Découverte mariale à Carthage »; p. 569 : « Deux enseignes de pèlerinage de Notre-Dame de Boulogne trouvées à Carthage »; en 1925, p. 495 : « Carthage, terre mariale, dix nouvelles années de trouvailles (1915-1925) »; en 1926 : « Carthage, terre mariale, quelques nouvelles trouvailles (1925-1926) ».

lampes chrétiennes offrant chacune des symboles eucharistiques. Sur l'une apparaît l'agneau, accompagné de la feuille de vigne. Sur l'autre, l'agneau à buste humain portant la croix, accosté

d'une colombe et d'un cœur, et entouré de six autres cœurs formant couronne.

Le mois de juillet et le mois de septembre furent marqués chacun par la trouvaille d'une bulle offrant d'un côté l'image de la Sainte Vierge et au revers un monogramme cruciforme.

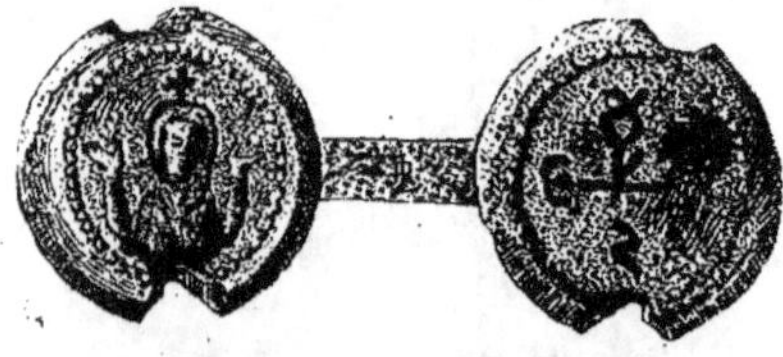

Nous arrivons ainsi au mois d'octobre, à ce cher et béni mois du Rosaire qui, depuis 1904, m'a chaque année réservé quelque chose d'inattendu.

Dès le premier jour, je recueille une moitié de bulle qui avait porté en caractères très nets le monogramme cruciforme de l'invocation traditionnelle à la Mère de Dieu : ΘΕοΤΟΚΕ ΒΟΗΘΕΙ (Mère de Dieu, protège...)

Il me faut ensuite atteindre la fête de saint Luc, le 18, date anniversaire d'autres découvertes mariales intéressantes, particulièrement en 1909 et en 1914. J'aime à m'en souvenir et j'y songe. Or, voilà que dans la soirée un Arabe m'apporte une bulle offrant la Sainte Vierge en orante et au revers un nom en monogramme cruciforme.

Même trouvaille le 8 novembre, jour anniversaire de mon arrivée à Carthage, en 1875. Trois jours après, un Arabe me présente quatre bulles, dont deux mariales. L'une d'elles offre la Sainte Vierge avec l'Enfant Jésus sur le bras gauche,

debout entre deux croix, et au revers le nom de Jean, ΙѠΑΝΝΟV.

Le 21 novembre, fête de la Présentation de Marie, un amateur vient me montrer deux bulles dont il a fait l'acquisition. Toutes deux sont mariales, et offrent la Sainte Vierge en orante,

ici en buste, et là debout entre deux croix, avec encore le nom de Jean.

La dernière trouvaille de l'année 1926 devait être des plus intéressantes. Elle eut lieu la veille de Noël et la journée fut marquée par deux autres surprises mariales, quoique non archéologiques.

Le matin, je recevais une lettre me demandant de placer un *ex-voto* à l'autel de Notre-Dame de Carthage. Dans la journée, un Arabe m'apporte une superbe bulle très nette et d'une conservation parfaite. Jamais je n'en avais vu une aussi belle. On en trouvera ici un excellent dessin, que je dois, comme les autres qui accompagnent ce travail, à l'amabilité et à la fine plume artistique de M. l'abbé Laverdure.

Cette bulle, à bord en biseau, mesure 24 millimètres de diamètre. Elle offre l'image de la Sainte Vierge figurée à mi-corps, la tête nimbée, l'Enfant Jésus devant la poitrine. Dans cette image, on distingue jusqu'aux plis du vêtement et du voile, et même les cheveux qui apparaissent sur le haut du front. L'Enfant Jésus est aussi nimbé et le nimbe est crucifère, comme il convient pour le divin Rédempteur (1).

Cette belle représentation de la Vierge-Mère est accostée de deux petites croix, et une couronne de myrthe l'entoure. C'est dans une semblable couronne qu'au revers, se lit, en caractères très nets, l'inscription suivante qui débute et se termine par une croix grecque placée entre deux palmes :

✠

BONOV

ΠΑΤΡΙ

ΚΙΟV

✠

Nous sommes donc en présence du sceau d'un fonctionnaire de l'empire byzantin, nommé

(1) Voir p. 3.

Bonos, en latin *Bonus*, et honoré du titre de « patrice ».

Ce fut pour moi une vraie joie d'avoir à enregistrer, la veille de Noël, une si heureuse trouvaille. Je mis le plus vif empressement à en prendre note dans mon journal marial.

Mais la Sainte Vierge me réservait encore une autre surprise ; bien qu'elle sorte du cadre de cet article, je ne puis renoncer à la mentionner ici en l'honneur de la Mère de notre divin Sauveur. A l'instant même où je terminais la description de la superbe bulle, on me demande au parloir.

Je m'y rends aussitôt et j'y trouve un sergent de tirailleurs, originaire de l'île de la Réunion, qui désire faire placer un *ex-voto* à l'autel de Notre-Dame de Carthage. Il me raconte que pendant plus d'un an il a souffert d'une maladie réfractaire à tout remède. On n'en put même découvrir le microbe. Ayant fait un vœu à Notre-Dame de Carthage, au bout de quelques jours, il était complètement guéri. Reconnaissant envers Marie de la grâce obtenue, il venait le lui prouver.

En 1927.

L'année suivante, les trouvailles devinrent de plus en plus rares.

Cependant, le 22 février, un de mes confrères rapporte de Tunis une bulle mariale qu'on lui a remise pour moi.

Ensuite, c'est le jour de Pâques que j'ai le plaisir de recueillir une bulle mariale. *Alleluia !* Réjouissons-nous.

Une seule trouvaille de bulle mariale marqua le mois de mai et celui de juin.

En juillet, j'enregistre deux bulles mariales, avec le nom en monogramme cruciforme. Sur l'une je déchiffre le nom de Pierre, ΠΕΤΡΟV, et sur l'autre celui de Thomas, ΘⲰΜΑ.

Le 5 août, fête de Notre-Dame des Neiges, ramène l'anniversaire de la pose de la statue en marbre de Notre-Dame de Carthage sur son autel (1914) (1), et celui du décret pontifical honorant la primatiale de Carthage du titre de basilique mineure.

En ce jour, hors de Saint-Louis, je rencontre sur mon chemin un Arabe qui me présente une bulle portant le nom de « Georges, stratilate », ce qui correspond au titre de général d'armée. Mais ce qui me touche particulièrement,

(1) En voir la reproduction dans *Notre-Dame*, 1925, p. 499,

c'est que ce personnage mettait sur son sceau et en toutes lettres (1) l'invocation à la Mère de Dieu, pour se placer ainsi sous sa protection. *Mère de Dieu, secours Georges stratilate.*

✠ ΘΕ
ΟΤΟΚ
ΕΒΟΗΘ
ΕΙ

✠ ΓΕⲰ
ΡΓΙⲬϹΤ
ΡΑΤΗΛ
ΑΤΟV

La même invocation se lit en monogramme sur une autre bulle, reçue le 23 août, avec le nom de « Troïlos, patrice ».

✠ ΤΡⲰ
ΙΛⲰΠΑ
ΤΡΙΚΙ
Ⲱ

Nous possédons au Musée Lavigerie, à Carthage, dans notre collection mariale, déjà si riche, plusieurs têtes de statuettes de la Sainte Vierge en argile, dont la chevelure est décorée d'un ornement en forme d'M. Je suis porté à croire que cette lettre figure là comme initiale du mot MARIA.

Or, le 8 septembre, en la fête de la Nativité de la Sainte Vierge, parcourant le *Dictionnaire d'Archéologie chrétienne*, j'y vois signalée une tête en ronde-bosse portant dans la chevelure l'inscription suivante :

ΧΜΓ
ΘΕΒΟΗΘΙ

qui doit se lire : ΧΡΙϹΤΟΝ ΜΑΡΙΑ ΓΕΝΝΑ (2) ΘΕΟΤΟΚΕ ΒΟΗΘΕΙ et signifie : *Marie a engendré le Christ. Mère de Dieu, secours.*

(1) M. Gustave Schlumberger, qui a écrit le plus important ouvrage sur la *sigillographie byzantine,* est d'avis que les sceaux portant le mot Θεοτοκε en toutes lettres sont très anciens et appartiennent aux premiers temps de l'empire byzantin.
(2) Cf. *Notre-Dame,* 1927, p. 323.

Cette inscription vient confirmer le sens que nous donnons à la lettre M sur la tête de nos statuettes.

Auguste Nicolas, dans son savant ouvrage *la Vierge Marie* (1), a écrit :

Nous lisons dans l'histoire du christianisme primitif que les Grecs ne mettaient jamais aucune couronne, ni d'or, ni de perles, ni de pierres précieuses sur ses images, mais ils écrivaient sur le front en lettres d'or cette seule parole : ΘΕΟΤΟΚΟΣ, *Mère de Dieu*.

Pendant le même mois de septembre, en dehors de cette heureuse constatation, plusieurs bulles mariales furent recueillies, dont nous avions déjà, par le passé, trouvé des exemplaires, car les mêmes sceaux reviennent fréquemment.

Mais que nous réservait le mois d'octobre, mois privilégié comme je l'ai dit plus haut? Il commence un samedi et c'est de bon augure. Dans la journée, un Arabe me présente un fragment de statuette en me disant dans sa langue : *Omna Mariam*, ce qui signifie : « Notre Mère Marie ».

N'est-il pas touchant d'entendre cette parole sortir de la bouche d'un musulman!

C'est, en effet, une statuette de la Sainte Vierge avec l'Enfant Jésus.

Citerai-je en passant, que le 19 octobre, le R. P. Danion, Eudiste, venu pour filmer à Carthage, prit, dans le jardin de Saint-Louis, une vue où l'on aperçoit le mot MARIA, puis photographia deux Pères Blancs, tenant en main une statuette antique de la Sainte Vierge et une brique du Ve siècle portant l'invocation :

✠ SCT MARIA AJVBA NOS ✠
Sainte Marie, secourez-nous.

Mais le mois du Rosaire s'avance. Se terminera-t-il donc sans une autre trouvaille mariale que celle du premier jour?

Non! Le 28, un Arabe m'apporte une bulle dont voici l'inscrition :

✠ ΘΕ	✠ ΓΕΩ
ΟΤΟΚ	ΡΓΙΩΑ
ΕΒΟΗ	ΠΟΕΠΑΡ
ΘΕΙ	ΧΩΝ

Mère de Dieu, secours Georges, ex-préfet.

Ainsi se passa le mois d'octobre ; l'année 1927 se termina par une bulle montrant dans une couronne de myrte la Sainte Vierge nimbée et coiffée du diadème byzantin avec l'Enfant Jésus sur la poitrine.

Au total, pendant l'année, nous avions recueilli une vingtaine de bulles mariales, dont huit offrant l'image de la Très Sainte Vierge et les

(1) Nicolas, t. II, p. 68.

autres l'invocation à la Mère de Dieu, plus souvent en toutes lettres qu'en monogramme cruciforme.

En 1928.

C'est surtout en hiver, après les ondées lavant le sol, que les Arabes chercheurs ont plus de chance de faire des trouvailles.

Le samedi 21 janvier, une pluie torrentielle procure à un Arabe la bonne fortune de trouver une bulle qu'il a l'excellente idée de m'apporter. Elle me réjouit moi-même, car c'est une bulle mariale.

Sur la face, apparaît, debout sur un globe, la

Sainte Vierge, le haut du corps entouré d'un large nimbe. Devant elle, l'Enfant Jésus, et à ses côtés, deux personnages.

C'est le sceau d'un général (stratilate), dont le nom et le titre se lisent sur la seconde face :

MAPTI
NΩCTP
ΑΤΗΛΑ
THC

Sceau de Martin, stratilate.

Cinq jours plus tard, le 26 janvier, un Arabe me présente un plomb tellement fruste qu'il me

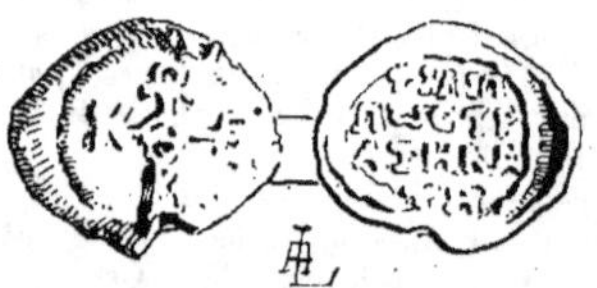

semble ne rien pouvoir en tirer. J'en fais cependant l'acquisition.

Après l'avoir consciencieusement décapé, j'ai

la satisfaction de le déchiffrer d'une façon certaine et surtout le plaisir d'y reconnaître encore une bulle mariale.

D'un côté cette bulle porte en monogramme l'invocation à la Mère de Dieu, et sur l'autre face, l'inscription :

ΦΙΛΙΠ
ΠѠCTP
ΑΤΗΛΑ
ΤΗ

Philippe, stratilate.

C'est donc encore le sceau d'un « stratilate » ou général, et ce général s'appelait Philippe.

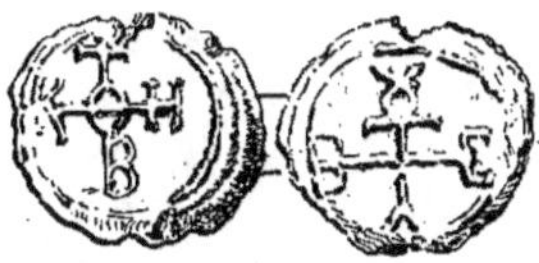

Le 29 janvier, encore une bulle mariale à double monogramme.

Le 6 mars, en la fête des saintes Perpétue et Félicité, il m'est particulièrement agréable d'avoir à enregistrer une trouvaille mariale. Nous en donnons ici un dessin. Il est facile de reconnaître dans ce plomb le monogramme de l'invocation à la Mère de Dieu, mais il faut renoncer, je crois, à déchiffrer le second monogramme, fort compliqué, renfermant assurément le nom du

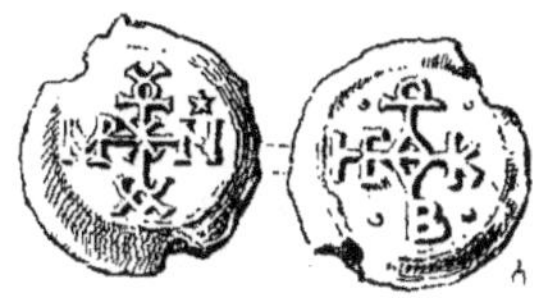

propriétaire du sceau et peut-être aussi son titre.

Après plus de cinquante ans de séjour à Carthage, nous devons nous réjouir de pouvoir encore ajouter à nos collections quelques pièces mariales, et cela malgré les nombreuses constructions qui recouvrent aujourd'hui l'emplacement de l'antique cité.

Cet emplacement, presque inhabité il y a plus d'un demi-siècle, lorsque nous y arrivions, a bien changé d'aspect. La chapelle de Saint-Louis, la primatiale, le scolasticat des Pères Blancs, le musée Lavigerie occupent la fameuse colline de Byrsa, entourée elle-même maintenant de maisons particulières. Il en est de même de la colline dite de Junon, sur laquelle les Sœurs Blanches du cardinal ont un vaste établissement, et les Carmélites leur monastère et la chapelle de Notre-Dame de la Melléha. Sur une autre hauteur,

les Sœurs de Saint-Joseph de l'Apparition ont construit un pensionnat et dans le même quartier les Franciscaines Missionnaires de Marie ont leur établissement et leur chapelle dédiée aux Larmes de sainte Monique.

A ces constructions qui se sont élevées sur l'emplacement de Carthage, si l'on ajoute le palais d'été de S. A. le bey, le palais de ses prédécesseurs, la municipalité, la poste, l'école communale, les grands réservoirs d'eau, la ligne du tramway et ses stations, l'Institut océanographique, les hôtels et les groupes de villas modernes dont le nombre ne cesse de s'accroître, on comprendra sans peine — et peut-être aussi avec peine — que le champ des recherches est chaque jour plus restreint.

On a exploré des nécropoles puniques, des cimetières romains et des cimetières chrétiens. On a déblayé l'amphithéâtre, le théâtre, l'Odéon, des thermes, des rues et des villas romaines, des quartiers de la ville, plusieurs basiliques chrétiennes, etc.

A part quatre ou cinq endroits qui mériteraient d'être explorés avec un espoir fondé d'importantes découvertes, ce ne sera guère que le hasard qui mettra sur quelque bonne piste.

Encore une vingtaine d'années, et Carthage, avec ses larges rues garnies de trottoirs, avec ses allées de palmiers, avec ses squares, ressemblera à toutes les villes qui se sont construites sur les ruines de cités anciennes. Alors les fouilles deviendront de plus en plus difficiles et dispendieuses.

Le cardinal Lavigerie fut donc bien inspiré lorsqu'il envoyait en 1875 ses missionnaires à Carthage, ce qui leur a permis de faire des découvertes fort appréciées du monde savant, en particulier des découvertes chrétiennes et plus spécialement celles qui concernent le culte de la Très Sainte Vierge et que nous sommes si heureux de faire connaître.

Que Dieu en soit loué et Marie remerciée !

Au moment où nous terminons ce travail, le pieux lecteur nous permettra de citer ici une courte série d'invocations africaines à la Sainte Vierge, et qui, sauf les deux dernières, sont la traduction de textes grecs, latins, arabe, trouvés dans le sol.

Sainte Marie, secourez-nous.
O Mère de Dieu, souvenez-vous de nos prières.
O Mère de Dieu, protégez-nous.
Mère de Dieu, ô Marie, protégez vos serviteurs.
Notre-Dame de Carthage, priez pour nous.
Sainte Marie, Reine de l'Afrique, priez pour nous.

Chacune de ces invocations a été enrichie d'une indulgence de cent jours, par S. G. Mgr Alexis Lemaître, archevêque de Carthage, Primat d'Afrique.

A.-L. DELATTRE,
des Pères Blancs.

✵ ✵

IMPRIMERIE
"MAISON DE LA BONNE PRESSE" (S. AN.)
5, RUE BAYARD, PARIS-8ᵉ

✵ ✵

1929-177

❦ ❦

IMPRIMERIE
" MAISON DE LA BONNE PRESSE " (S. AN.)
5, RUE BAYARD, PARIS-8ᵉ

❦ ❦

1929-177

www.ingramcontent.com/pod-product-compliance
Lightning Source LLC
LaVergne TN
LVHW050235180726
843501LV00014BA/4383